LE RETOUR
A LA CHARTE.

Les diverses attributions de la royauté n'auraient pas suffi pour la mettre à l'abri des entreprises d'un pouvoir rival : pouvoir d'autant plus redoutable que son activité est constamment entretenue par la fermentation intestine des élémens qui le composent, et par l'influence extérieure des opinions qui ont présidé à sa formation (*Du Gouvernement constitutionnel et du refus de l'Impôt*, par le baron de Richemont, député de l'Allier, page 21).

PARIS,
A. PIHAN DELAFOREST,
Imprimeur de Monsieur le Dauphin et de la Cour de Cassation,
RUE DES NOYERS No 37.
1830.

La question réduite à des termes simples, ne laisse que cette alternative : ou de conserver le roi avec le royaume, ou de perdre le royaume avec le roi.

Et de même que le royaume ne peut exister que sous certaines conditions requises, comme de posséder une force judiciaire qui maintienne la paix au-dedans, une force militaire qui garantisse la paix au-dehors ; de même, la royauté ne peut vivre que sous les conditions parallèles de garder une volonté qui intervienne en temps et lieu, de jouir d'un ascendant qui rende efficace son exercice.

Or, quant au royaume, sous quelque prétexte que ce soit, le refus de consentir les subsides, en ce qu'il emporte la ruine des services, constituerait un crime capital.

Quant à la royauté, quel que soit le motif, le refus d'admettre ses ministres, en ce qu'il annule la volonté, et détruit l'ascendant, constituerait un forfait pareil. (*La Royauté*, page 56.)

L'homme de cœur, l'homme de sens, d'accord sur ce point, s'attachent d'autant à la cause légitime et tutélaire, en raison même de ce qu'elle est compromise, de ce qu'elle est mal défendue.

On a irrité l'opinion bien disposée ; on a cédé à l'opinion déja déréglée.

Il n'y a plus qu'à réduire l'opinion aliénée, insurgée.

Plus le vertige est porté à un haut degré, plus le devoir commande de lui résister.

Le vertige prétend forcer le pouvoir royal dans ses derniers retranchemens, où il s'est laissé acculer.

Le pouvoir royal ne se montrera en force, qu'en reprenant ses premières positions.

L'attaque a plus de chances que la défense.

C'est ainsi que la charte a défini les limites respectives :

« La puissance législative s'exerce collectivement par le roi et les deux chambres. »

« La chambre des pairs est essentiellement une portion de la puissance législative. »

Or cette expression, *législative*, ne s'applique qu'aux lois proprement dites.

Ces mots, *collectivement, essentiellement*, proscrivent tout acte privé, isolé, d'un des pouvoirs.

De là, on voit combien d'empiètemens, d'envahissemens ont eu lieu.

On sent que l'adresse pour le renvoi des ministres, viole à ces deux titres, l'esprit, le sens de la charte.

Car un tel acte s'opère, à part de la pairie, à l'encontre de la royauté :

Car à l'égard de la puissance législative, la chambre n'a que le droit de proposition des lois : à l'égard de la puissance exécutive, elle n'a que le droit d'accusation.

Et sauf l'exercice de ces deux droits éventuels, la chambre n'est en rapport avec les ministres, que lors de la présentation des lois, qu'elle accepte ou rejette à volonté.

On sent de plus, qu'à ces deux mêmes titres, le refus des subsides ou le rétrait d'un impôt est prohibé :

Attendu que de tels décrets émaneraient d'une chambre seule, annulleraient les deux autres pouvoirs.

Attendu qu'ils dépasseraient la puissance législative, qu'ils usurperaient l'autorité absolue.

De sorte que la charte serait raturée en entier;

à l'exception de l'article 48, qui, au moyen de la plus fausse interprétation, resterait seul (1).

Si ce n'est pas ce qu'on veut, c'est ce qu'on fait.

La question n'est nullement ministérielle : elle est vraiment constitutionnelle.

Pour mieux dire, au fonds, la question est toute sociale.

Il s'agit des destinées de la France, de l'Europe.

Si le roi fort cédait, lequel de ces chétifs êtres arrêterait-il l'impétuosité du mouvement aussi fortement imprimé, aussi long-temps contenu ?

1790 revivrait dans 1830 : les masses enivrées, de jour en jour, jetteraient de nouveaux chefs, abattraient les anciens.

Et l'Europe accourrait en armes, imposerait le joug, emporterait chez elle le venin.

Mais voyez les malheureux ! ceux-ci scélérats, ceux-là insensés, qui un instant ont crié victoire.

Les derniers du moins sont dévorés de remords, accablés de honte.

Il n'est plus besoin de leur apprendre que l'esprit de haine et d'envie s'est follement révolté ;

Qu'il a follement attaqué et renversé des ministres dont l'intention ne menaçait pas, dont les tentatives auraient échoué ;

---

(1) Ces points ont été traités dans plusieurs écrits : *du refus des Subsides ; du Gouvernement révolutionnaire ; la Question vitale ; la Charte monarchique.*

Le miracle d'Alger apporte les chances les plus propices.

Ainsi la force est au roi ; et par la force, la justice est au roi : et par la force, par la justice, le vrai sens de la charte est restauré.

Il n'y a pas lieu à scrupule : c'est un devoir au contraire, de rallier la force, de la tenir en réserve, de la faire marcher au besoin.

Comme aussi le recours aux armes ne sera jamais commandé, pour peu qu'on se résigne à faire appel à la raison.

La question est mal posée d'un bord, est mal résolue de l'autre.

Voici ce qui est :

Dès long-temps, le sophisme s'est emparé du texte de la charte, l'a interprété à son gré, devant l'opinion ignare.

Puis, la ruse, la fraude assidues à l'œuvre, n'ont cessé de guetter l'occasion, à l'effet d'altérer la pratique, de pousser à leurs fins.

Et parfois, l'autorité s'inquiétait à peine, se réservait au plus d'intervenir à l'occasion.

Parfois elle se troublait, s'épouvantait, et remettait de jour à autre, à réprimer enfin.

De même favorisé dans les deux sens, l'ennemi gagnait du terrain, se fortifiait à mesure, se plaçait entre une défensive et une offensive également formidables.

Maintenant, la royauté se voit expulsée de ses plus belles positions, et rejetée jusqu'aux extrêmes confins de son domaine.

Encore, s'il arrive qu'elle fasse mine de se reporter en avant, ou seulement de résister sur quelque point, un cri d'anathème l'accuse d'envahissement.

Certes, la place n'est pas tenable : il faut aussitôt rentrer dans la charte pour n'en plus sortir.

Mais ce n'est pas ce que veulent les royalistes de métier, ces êtres pourvus de plume et de langue, dénués d'ame et de sens, qui se font une affaire privée, des affaires publiques.

Ecoutez-les : il semblerait que notre roi va renier sa foi, retirer son œuvre, ressaisir son ancien pouvoir.

Ils parlent seuls; ils sont seuls entendus.

Qu'on les fasse taire d'abord.

Autrement l'opinion trompée, en s'insurgeant au soutien des usurpations trop réelles du parti libéral, s'imagine combattre contre les projets d'usurpation du pouvoir royal.

Ensuite, qu'on représente l'état des faits, qu'on rétablisse la vérité des choses.

Il est deux axiomes:

Si simples qu'ils sont, la faction osera nier le principe, et l'autre parti n'osera avouer les conséquences.

Car nous en sommes à ce point, que là, le sens du vrai, qu'ici le sentiment du droit, sont de même perdus.

D'une part, l'idée imprégnée de l'esprit du siècle, se montre endurcie ; de l'autre, légèrement atteinte par le venin, elle se trouve ramollie.

Même ces gens qui jettent à tort et à travers leur parole inconsidérée, s'ils étaient mis à l'œuvre, tiendraient une conduite pusillanime.

Il n'en faut pas moins dire, pas moins faire, malgré les uns sans doute, sans les uns peut-être.

Il faut ramener l'esprit public à la vérité, quand il a été égaré par le mensonge.

Les deux axiomes sont simples :

La charte ne prescrit que ce qu'elle dit :

Ce que ne dit pas la charte, est permis.

Or, à qui prescrit-elle? à qui est-il permis ?

La charte est l'œuvre du pouvoir increé : les pouvoirs créés sont l'œuvre de la charte.

La charte procède par voie d'aliénation du pouvoir increé, par voie d'attribution aux pouvoirs créés.

Il est pris sur celui-là, pour donner à ceux-ci :

il ne leur est donné que ce qui lui est pris.

Les pouvoirs créés n'ont de titre que par elle : le pouvoir incréé était en titre avant elle.

L'un a fait la loi; la loi est faite aux autres.

La couronne est investie du droit : les chambres sont revêtues de droits.

De là leurs droits sont essentiellement définis, sont formellement exprimés, et précisément limités.

En ce qui revient aux chambres, tout est écrit : hors ce qui est écrit, tout appartient à la couronne.

Il n'importe que dans la pratique, là, des extensions, ici, des atténuations aient été consacrées, ce semble.

Contre le texte, l'usage ne prévaut, l'abus ne vaut : en droit comme en fait, la charte reste la même.

Il y a plus : c'est le propre des altérations, de s'engendrer les unes et les autres, de se propager jusqu'au ternier terme.

En ne les arrêtant pas dans le principe, leurs conséquences ne s'arrêteraient jamais : s'il n'y était mis fin, elles mettraient à néant la charte.

Pour les amis de l'ordre, voilà de quoi éclairer, peut-être même enhardir.

L'état des contraventions est à dresser :

Travail de longue haleine et de besogne facile : car il suffit de comparer les actes avec les termes de la charte.

On ne peut, on ne doit se le dissimuler, attendu qu'il n'est laissé qu'aux reflets du passé, de jeter sur l'avenir, quelques traits de lumière.

C'est encore le parti royaliste, toujours tournant ses armes ou prêtant des armes contre lui-même, qui a donné le premier exemple.

La chambre de 1815 ressuscitera dans l'histoire, emportant de force ses amendemens, renversant le système du budget, abusant du droit de proposition, harcelant et insultant les ministres.

Tant il est vrai qu'en France, tout parti se perd, se ruine, appelant en sa place, le parti adverse.

Alors s'établit la jurisprudence anti-constitutionnelle à l'égard des amendemens.

Puis, après des chambres équivoques d'esprit, celles de 1821, de 1824, obtiennent au sujet des spécialités, l'assentiment du cabinet, trop ignorant de l'avenir.

Pas immense, incommensurable, qui met les services de l'Etat à la discrétion d'une seule chambre, qui transmet le gouvernement de fait, à une seule chambre.

Mais cela n'allait pas assez vite; on était trop loin

encore de cette époque fatale en tout cas; où le roi repoussé de poste en poste, acculé aux bornes de la nécessité, se verrait contraint, avant d'en être dépouillé, de se rappeler *qu'il ne doit jamais rendre son épée.* (M. *Royer Collard.*)

1830 se lève sur un horizon chargé des plus sombres vapeurs : et la foudre éclate au sein des nues, menace de frapper de mort, la société.

L'adresse a eu lieu, le rejet du budget aura lieu, dit-on;

Ici il n'y a rien de mieux que de citer des fragmens de la Gazette du 9 juillet :

« Voilà l'action parlementaire reconnue, dé-
« finie et enfermée dans de justes limites. »

« Les voeux du pays auront une expression :
« mais comment? Par le concours des deux
« chambres. Toutes deux doivent être unies. »

« D'où viendra la vérité au roi? Non par une
« seule chambre, mais par l'une et l'autre; c'est
« une action double et une à la fois. »

« Que signifient donc ces adresses isolées et
« ces refus de budget, qui n'expriment que le
« sentiment de la majorité dans l'une des deux
« chambres.

« En quoi de pareils votes peuvent-ils influer,
« lorsqu'ils ne présentent pas le caractère du
« double concours que la charte a voulu don-
« ner à la manifestation du voeu public. »

Comment répondre à cela?

Qu'on laisse aller. Avant peu il ne reste qu'une feuille de papier dont l'art du faussaire a effacé les caractères sacrés, qu'il a rechargé des traits les plus perfides.

En soi, toute œuvre issue de l'intelligence humaine est exprimée en une lettre, du plus au moins vague et équivoque.

Toute œuvre livrée au jugement de l'homme, est expliquée de sorte ou d'autre, au désir des préjugés, des passions.

Or, à qui appartient-il de mettre en lumière, la lettre, de mettre en valeur, le sens ?

Quant à la charte, ce droit n'incombe pas aux chambres, soit parce qu'elles en dérivent, soit parce qu'elles ne s'accorderaient pas.

Le droit assigné aux deux chambres, serait saisi par la chambre populaire, serait retourné contre la pairie, contre la royauté.

C'est à la royauté par qui fut dictée la lettre, qu'il appartient de dicter le sens.

C'est à elle, en raison, en justice : c'est à elle aussi, de nécessité, en ce qu'ayant la force entre les mains, elle est seule en état de s'opposer à l'explication étrangère, d'imposer sa propre explication.

Autrement, le pays tombe sous le joug sinistre d'une convention renouvelée de 1792, sous le joug ignoble de l'oligarchie des colléges électoraux.

Et il est précipité dans le désordre, rejeté de

crise en crise, dont les excès enfin donnent naissance à quelque tyrannie :

Sauf toutefois qu'au risque de la guerre civile, encore préférable à l'anarchie, la royauté usant de son pouvoir, obéissant à son devoir, ne détourne la verge usurpatrice, en élevant le sceptre tutélaire.

Mais, il n'y a pas même lieu aux débats, quant à la compétence des pouvoirs.

Il ne s'agit pas d'une interprétation qui toujours prête à l'arbitraire :

La charte porte elle-même sa définition, tenant pour ainsi dire de la nature de ces expressions si simples, dont l'explication obscurcit plutôt qu'elle n'éclaire le sens.

A ne considérer que la lettre, on peut dire en façon d'exemples :

Que nul article n'oblige à soumettre à la chambre, la discussion des dépenses ;

Que l'art. 13 ne permet pas qu'elle dispose de l'existence des services, au moyen des spécialités ;

Que l'art. 48 n'implique nullement que tout impôt, que l'impôt total puisse être refusé par la chambre.

Que les art. 15, 16, 18, 19, 20, 21, 22, s'opposent expressément à ce qu'un acte quelconque soit opéré par une chambre seule ;

Qu'aucun article enfin n'autorise la coutume de l'adresse qui, par conséquent, est sans titre, sans force.

Encore l'esprit de toute œuvre, quand cet esprit est un, signifie plus que la lettre.

Certes, la charte est monarchique, en essence, en origine, en conséquences.

C'est-à-dire que s'il n'y avait une monarchie, il n'y aurait pas de charte, et qu'il n'y a une charte qu'autant qu'il y aura une monarchie.

Donc, dans la charte, tout est en vue de la monarchie; rien n'est à la perte, à la ruine de la monarchie.

Et tout principe est jugé par ses résultats : si les résultats étaient contraires, le principe serait faux.

Ainsi le sens de la charte aura été défini : ainsi les pouvoirs seront rentrés sous leurs limites.

La royauté est rendue à son libre exercice, est appelée à remplir ses conditions essentielles.

Or, l'espace lui appartient : il faut bien qu'il ait maître; c'est elle encore qui doit le moins abuser d'une telle latitude :

Car en ce siècle, la tendance est extrême dans le sens de l'indépendance : car en France, la race régnante n'est pas sujette à la rage du despotisme.

En tout cas le despotisme porte avec lui un antidote, le plus actif qu'il y ait, l'insurrection; tandis que par un étrange contraste, l'anarchie ne reconnaît d'autre remède que la tyrannie même.

A bien dire, l'espace indéfini n'est pas inféodé à la royauté dans la vue de sa propre jouissance; il lui est plutôt alloué à la charge de s'opposer à l'invasion imminente de la licence.

A bien dire, la royauté, si imposante qu'elle soit devenue en France, à titre personnel, n'est en principe, investie de tant de puissance, qu'à titre général, qu'à titre national.

Ses droits ne sont que des devoirs : l'autorité ne lui est donnée que pour le maintien de l'ordre social.

Que la royauté se saisisse donc de son domaine légitime, et qu'elle s'y meuve dans toute sa force, dans toute sa liberté.

L'espace laissé vague et ouvert, s'offre en proie facile à toutes les tentations : ce que nul ne défend, est envahi par tous.

Trop long-temps la royauté s'est comme esquivée des débats, s'est presque effacée de la scène.

En reculant sans coup férir, l'ennemi ne subit aucune perte, n'encourt aucun risque, ne rencontre aucun point d'arrêt.

Il faut y mettre une fin.

Pour renfermer la chambre en ses justes limites, la royauté n'a qu'à s'affermir, à se fortifier jusque sur les frontières adjacentes.

Elle doit à la fois la faire rentrer rigoureusement dans la charte, et y entrer largement elle-même; deux actes constitutionnels au plus haut degré :

Car la charte commande avec autant de rigueur dans le sens implicite et explicite.

Et soit qu'elle agisse en dedans ou en dehors de la charte, la royauté annonce, acquiert la force, ce qui ne fait qu'un.

Dans les coups d'État à faire en dehors, comme dans les coups d'autorité à faire en dedans, l'esprit de résolution se montre également.

Même parfois, ceux-là avant qu'ils soient parvenus à leurs fins, portent un air de coups de tête dont on se rit.

Au lieu que ceux-ci ont plus le caractère d'une détermination calme et ferme, qui en impose.

En outre que de ce dernier bord apparaît la loyauté, vertu d'influence prédominante, alors qu'elle est épousée par la force.

Au reste, n'importe le mode et le sens et le but, l'empire est donné à l'esprit de résolution, en tant qu'il résonne et gronde dans le lointain.

Frappez : le coup tombe, le temps passe; on évite, on attend.

Menacez : l'espace, l'avenir n'ont point de refuge; on ne sait ni quand, ni comment se garantir.

Ayez la conscience de votre force, de la faiblesse d'autrui : faites passer dans les esprits la conviction qui vous est propre.

Et les amis vous révèrent; les ennemis se prosternent.

. . . .

Tout acte opéré en dehors de la charte est un coup d'Etat.

Le pouvoir qui s'y hasarde, usurpe sur les droits d'un autre pouvoir; lequel est ainsi invité, obligé à lui répondre par un coup d'Etat en sens inverse.

Il lui faut sortir de la charte, afin d'y faire rentrer le pouvoir usurpateur, afin d'y rentrer lui-même en son rang légitime.

Si donc une chambre osait exiger le renvoi des ministres, et à cet effet s'emportait jusqu'au refus des subsides :

La couronne dissoudrait la chambre; puis, au cas qu'elle revînt semblable, qu'elle restât semblable, en convoquerait une autre, sous un nouveau mode d'élection.

Car déjà il n'y a plus de monarchie en droit, et bientôt il n'y aura plus de monarchie en fait, si la chambre fait, défait, refait le cabinet.

Car la chance est plus belle encore à tenter la résistance, qu'à se soumettre à l'invasion.

Cependant la charte laisse le pouvoir incréé, et place les pouvoirs créés en des positions fort inégales pour la défense, pour l'attaque.

On sait, on voit d'où part l'attaque, où gît la

défense : et l'audace est propre à l'une, comme la mollesse à l'autre.

Chaque pas fait en avant d'un bord, emporte un pas en arrière de l'autre : telle position se fortifie, et telle s'affaiblit.

Il se peut que la lutte se contienne sous les limites apparentes de la charte : il ne se peut pas que la victoire manque à franchir toutes les barrières.

Encore la charte ne semble pas être violée, par cela même que le pouvoir attaqué aura battu en retraite à petit bruit, ne se sera pas mis en état de résistance ostensible.

Le péril est d'autant plus éminent, plus imminent.

Mais il n'y a pas lieu aux coups d'Etat : il n'est besoin que des coups d'autorité.

Seulement s'il n'est fait à propos, emploi de ceux-ci, avant peu il faudra faire usage de ceux-là ; justement alors que la puissance viendra à faillir peut-être.

Dans l'état actuel des choses, la royauté doit d'abord ressaisir ses droits constitutionnels ; et aussitôt rentrée en son domaine, elle doit faire acte de possession à ce que nul n'en ignore.

Ainsi se décidant à continuer les services auxquels la chambre aurait retiré leurs fonds.

A conserver ou même à créer tel corps militaire qu'il lui plaira, à expulser tels officiers qui ne lui conviendront pas ;

A augmenter la solde, les appointemens, les retraites des armées de terre et de mer;

A relever en même temps les prérogatives et les honoraires de la magistrature;

A organiser par ordonnance les administrations communales, départementales, provinciales;

Enfin, à réprimer elle-même la licence de la presse, au cas que la chambre s'y refuse.

Car tous ces droits sont manifestement attribués à la couronne par les articles 13 et 14 de la charte.

« Au Roi seul appartient la puissance exécutive. »

« Le Roi est le chef suprême de l'Etat. »

« Le Roi commande les forces de terre et de mer. »

« Le Roi fait les ordonnances nécessaires pour la sûreté de l'Etat. »

Or, à cela, que peut-on dire ou faire?

La chambre diminue t-elle les subsides? les troupes réduites en nombre redoublent en dévoûment.

S'élève-t-elle contre l'organisation administrative? les peuples bénissent la couronne d'une voix unanime.

Se refuse-t-elle à la répression des journaux? les tribunaux remercient de leur avoir délié les mains.

Vient-elle accuser les ministres? l'opinion, la pairie les justifient, les glorifient.

Se révolte-t-elle en somme? un nouveau système électoral la met hors de cour.

Car alors vient le règne des coups d'Etat.

Mais non.

Des coups d'autorité opérés dans la sphère légale, opérés pour le bien public, portent respect.

Des coups d'autorité, frappés en nombre, lancés l'un sur l'autre, portent effroi.

Que la royauté ose!

La chambre a bien osé! Entre les hommes, entre les pouvoirs, c'est à qui osera.

Les coups d'autorité doivent à la fois prévenir le besoin et fournir les moyens, quant aux coups d'Etat.

Il y a à repousser les irruptions habituelles, à reprendre les positions abandonnées.

La royauté a délaissé plus qu'il ne lui a été enlevé : comme si n'osant disputer le terrain, elle préférait lâcher pied à l'avance :

Ou plutôt ses ministres successifs ont faibli et cédé en son nom; tantôt s'imaginant amortir la fougue du parti libéral; tantôt espérant le rallier à des projets trop souvent vains.

L'évènement a trompé leur attente. Les présages commandent une marche opposée.

Seulement qu'on atteigne et qu'on ne dépasse pas la ligne légitime.

Un tel acte de volonté doit réprimer au lieu de provoquer la colère.

Il se rencontre dans la vérité énoncée par la force, dans la justice appuyée par la force, une puissance efficace.

Même la force suffit : l'homme se laisse toujours convaincre aussitôt qu'on est prêt à le contraindre ; instinctivement la volonté se détermine, pour éviter d'être violentée.

En tout cas, il ne faut se fier qu'à soi, se reposer que sur soi.

Ce n'est point à faire vouloir aux autres, c'est à vouloir soi-même, que consiste le point essentiel, capital.

Devant celui qui veut, nul ne veut.

Par malheur, la monarchie ne s'est pas mise tout d'abord, à l'unisson de l'empire.

Sous celui-ci, le pli était tellement pris, si l'on peut parler ainsi, que les vœux même attendaient la dictée d'en haut, se conformaient aux phases du caprice.

Le Français n'est plus enivré ni abruti : on l'a laissé, on l'a abandonné à son sort.

Emancipé subitement, il n'a appris qu'à s'opposer, qu'à se révolter.

Les preuves en sont sensibles : l'immense majorité de l'opinion ennemie indique assez qu'elle est négative, qu'elle n'a pour motifs, que haine, envie, défiance.

Qu'on lui permette de triompher : alors elle

devient positive, elle suit la ligne des intérêts divers ; et cette masse agglomérée, bien qu'incohérente, se brise en mille fragmens hostiles.

Voilà un obstacle non pas impossible, mais difficile à surmonter, pour la royauté.

L'habitude n'est pas venue de lui voir une volonté, d'écouter sa volonté.

Il faudra que sa volonté soit d'autant plus prononcée, d'autant mieux soutenue.

On s'y fera enfin.

Du reste, dès lors qu'elle ne craint rien, elle n'a rien à craindre.

Suivons le cours des choses.

La chambre a beaucoup de paroles à dire, qu'il faut laisser courir sur la langue, qu'il convient de laisser se perdre dans le vague.

Tout l'art se borne à faire parler d'autant plus, à tort et à travers, à ne répondre que d'un mot.

Mais qu'a-t-elle à faire ?

Elle ne reviendra pas sur les brisées de l'adresse, qu'on ne défend qu'à raison de ce qu'on s'en repent.

Elle ne se portera pas à la mise en accusation ; qui mène les ministres à l'échafaud, ou livre la chambre à la risée.

Mais on retirera les fonds assignés à tel ou tel service.

Mais on abolira quelque impôt, sans le remplacer par un autre.

Quant à la première tentative, le cabinet est appelé à soutenir la lutte.

« Au roi seul appartient la puissance exécutive : le roi régit l'administration publique. »

Si les boules passent outre, méprisant la borne des pouvoirs, la couronne n'en tient compte, gardant la ligne des devoirs.

Sauf celui d'établir un impôt, tout droit lui est dévolu.

Et elle réduit le personnel, le matériel de la guerre, de la marine ;

Ou elle prélève sur les fonds de quelque autre service de moindre utilité ;

Ou elle prend sur le fonds d'amortissement ; même sur le paiement des rentes ;

Car il faut que les conditions d'existence de la société soient accomplies avant, afin, que ses engagemens soient acquittés.

Quant à la seconde tentative, c'est au roi qu'il appartient de la réprimer.

« La puissance législative s'exerce collectivement par le roi et les deux chambres. »

Or, la puissance législative n'embrasse pas le pouvoir d'ébranler, d'énerver l'ordre social.

Or, l'acte privé et spécial d'une seule chambre est prohibé par le sens du mot *collectivement.*

Et la majesté royale se lève en sa justice, en sa force, disant :

« Peuples, je vous renvoie les factieux : ils se

sont mis en forfaiture; ils ont trahi l'Etat. L'entrée de la chambre, leur est fermée à jamais. »

Vienne enfin le rejet du budget !

C'est-à-dire que la chambre, afin de se donner le plaisir de refuser les subsides, ne recule pas devant la tâche d'abolir les services.

Sans doute, derrière cet acte patent, il existe quelque article secret; car nulle chambre, si déplorable qu'elle soit en vertige, si incompatible qu'elle soit avec tout bon sens, ne peut vouloir que sur l'heure, que du 31 décembre au 1er janvier, la société soit dissoute.

Non; la chambre ne veut pas être prise au mot.

Eh bien! il faut l'y prendre.

Il faut dès l'origine couper court à cette méthode de procéder par des actes comminatoires.

Il faut arracher à l'impudence, son arme assassine et la faire éclater contre elle.

En quoi donc le refus des subsides fait-il plus de mal à la couronne qu'à la chambre?

Pourquoi si le mal frappe plutôt de ce dernier bord, la peur atteint-elle davantage de l'autre.

Voyons l'effet, immédiat, subit.

Il peut paraître au public qu'un tel coup de désespoir n'a été pris qu'en désespoir de cause,

Et le jeu seul en fait son profit : la rente ne fléchit que de 3 à 4 francs.

Mais la bourse est d'une extrême susceptibilité, parfois jusqu'à ce point qu'un souffle l'agite, qu'une ombre l'épouvante.

Et le cours se dégrade, se précipite à 70 francs, 65, 60 peut-être.

Or, s'agit-il de la conscience ? le roi n'y est pour rien.

Parle-t on de l'opinion ? Le roi n'a agi en rien.

Pense-t-on à l'intérêt ? Le roi n'y perd rien.

Quant à la chambre, alors que le roi reste impassible, elle est assaillie de remords, de reproches, de regrets.

Même le plus bas cours est le mieux. L'épreuve est rude ; elle sera courte.

Qui donc tiendrait devant la menace, à l'aspect de l'ébranlement, du renversement de toutes les fortunes faites et à faire ?

Au plus quelques hommes implantés dans le sol, qui n'ont à craindre qu'un tremblement de terre, qui sont à l'abri des ravages du tourbillon commercial.

Du reste, tout s'émeut sur les bancs de gauche, jusqu'aux députés, et généraux, et préfets, et conseillers d'Etat des cent jours :

Alors, déterminés à livrer la patrie à tous les hasards qui leur portaient des espérances de fortune, maintenant circonspects et pusillanimes, en tant que l'âge leur pèse, que la richesse les enchaîne.

Qu'on soit tranquille ! il ne tardera pas à survenir, et plus amer, plus poignant qu'à l'époque de l'adresse, ce lendemain, jour de lumière, jour de douleur, jour de repentir.

Chétives gens qui en se levant sur leurs banquettes, et jetant leurs boules dans l'urne fatale, s'imaginent faire peur au roi de France.

L'adresse est lancée vers le trône, est repoussée par le trône; et voilà qu'à tout prix, on voudrait la retirer, la raturer.

Le rejet du budget passe, opère: et voilà qu'en toute hâte, on aspire à le reprendre, à l'adopter.

Il sera repris sans doute, il sera adopté; mais non par vous qui osâtes à la fois renier et la charte, et la monarchie, et la patrie.

Le roi avisera : rien ne périclite dans la demeure.

Est-ce donc que le décret de la convention nouvelle, viendra forcer les caisses du trésor, et jeter les fonds par les fenêtres?

Est-ce donc qu'il ira se poster au passage des redevables et refouler dans leurs bourses, les écus prêts à être versés?

Au plus parviendra-t-on à susciter quelque résistance de la part de nos nouveaux seigneurs de château, à provoquer quelque émeute sur le seuil des cabarets :

Toutefois si l'autorité royale ne s'empressait de prescrire le paiement au double, en cas de retard, de signifier le retrait absolu de la licence.

Du reste, et quant à l'enregistrement, aux douanes et sels, aux taxes indirectes, aux patentes, aux postes, aux bois et autres produits, le décret est comme non avenu.

Si bien qu'en somme il rentre sur le milliard, environ 990 millions.

Il faut le remarquer : certes si on laissait aller les choses ainsi qu'elles sont menées, bientôt la royauté, le culte, la justice, l'armée, viendraient à être abolies *par décret.*

A la rigueur, les formes du gouvernement sont susceptibles d'être altérées, même d'être annulées.

Il en est tout autrement de l'essence de la société : car dans les hommes réunis, comme dans l'être isolé, réside l'instinct inné de la conservation.

On ne parle que de la diffusion, de la propagation des lumières, que de la marche accélérée de la perfectibilité, que des merveilleux progrès de la civilisation.

Et on entend, on prétend, ce semble, que la grande nation, trop humble cette fois, ne réagira pas contre les odieux apprêts de sa dissolution.

C'est de la folie.

Vous avez ameuté l'opinion : sans trop de répugnance, la haine s'est enrôlée dans les rangs de la liberté ; l'envie a arboré le drapeau de l'égalité.

Le Français s'imagine marcher vers ses fins personnelles : il se retourne aussitôt s'il se voit entraîné dans un sens étranger.

Votre empire est perdu, si l'homme est reconnu.

Or la chose est claire.

Un tel étant ministre, vous visez à le renverser, non pas parce qu'il est un tel, mais parce qu'il est ministre.

Sur les fauteuils du conseil, il n'y a de place que pour un : quiconque s'y asseoit est anathême, sauf que ce soit vous.

Même vous ne voulez pas attendre.

Le temps amenait des fautes, écrasait sous le poids; en tout cas, votre force restait, alors comme à présent.

« Non : demain au plus tard, aujourd'hui encore mieux. »

Et tous les moyens vous conviennent; et l'occasion s'offre à vous.

Qu'est-ce que de compromettre la patrie ? L'enjeu ne balance pas le prix.

Peut-être frivole et futile comme il est, le Français ne s'apercevrait pas des manœuvres, si le succès devait à l'instant les couronner.

Mais la résistance trompera votre attente : l'inquiétude, l'anxiété la suivront.

Alors tout sera dévoilé; tout sera mis au grand jour.

« Comment, se dira-t-on : le système constitutionnel vient donc aboutir aux brigues, vient donc profiter aux factions.

« Jadis les fins n'étaient pas plus ignobles ; maintenant les voies sont plus périlleuses.

« Au lieu de la lutte des maîtresses, des favoris, c'est un combat à outrance entre la couronne et la chambre. C'est la guerre au sein du pays. »

Certes il y a de quoi dégoûter de cette représentation née oligarchique, devenue anarchique.

Il y a de quoi ramener la France épouvantée sous la bannière royale : laquelle après tout n'annonce d'autres chances fâcheuses que de passer parfois, à la garde de ministres équivoques.

Dans cette disposition malencontreuse des esprits, la couronne se défend, la couronne triomphe.

Et comme on sait trop, l'étendard victorieux voit se disperser l'ennemi, voit abonder les auxiliaires.

La couronne n'a plus à commander ; qu'elle se laisse servir seulement.

Les troupes nouvellement ralliées se montreront d'autant plus ardentes pour sa cause.

Supposons les dernières extrémités : mettons la question d'Etat, s'il se peut dire, au pied du mur.

La chambre s'obstine, s'irrite, s'insurge : elle se jette sur les brisées du long parlement. Elle attente aux fins de l'ère de 1688.

La fatalité l'entraîne : à vrai dire, le crime est

déja commis : ce sont ses conséquences forcées qui se développent.

Qu'elle marche donc ; qu'elle coure sur les voies de ruine ; qu'elle pousse à l'abîme.

Ici, la question est tranchée.

Plus de choix pour la couronne : vaincre ou périr ; être tout, ou n'être rien.

Alger répondra.

Alger dira s'il est réservé à quelque faction éparse sur le sol de France et enfantée par les intrigues, les artifices, de prétendre à jouer le mouvement trop unanime du peuple anglais.

Alger dira si le triomphe est dévolu à ce parti de sorte étrange, dont la section de tête, après avoir renversé le cabinet, puis le trône, allait être écrasée elle-même par la section limitrophe, et celle-ci par une autre ; sans qu'il y eût de terme aux usurpations successives qu'au point de la dissolution sociale.

Toute force est dans Alger.

Le fait d'armes le plus glorieux, le plus merveilleux, encore voilé par la grandeur d'ame, toujours simple et modeste, apparaîtrait, éclaterait, tonnerait, à l'instant préparé par les destinées.

L'entreprise d'Egypte malgré tout, fit un tyran : la conquête d'Alger, au besoin, ferait un roi absolu.

A tout autre qu'à Charles X, les peuples innocens n'auraient qu'à crier merci.

A Charles X seul, la faction conspiratrice n'aura pas même à demander grace.

Tant est grande et forte, tant est haute et noble, la puissance ralliée du vieux sceptre et de la jeune épée !

FIN.

A. PIHAN DELAFOREST,
IMP. DE MONSIEUR LE DAUPHIN ET DE LA COUR DE CASSATION,
rue des Noyers, n° 37.

www.ingramcontent.com/pod-product-compliance
Ingram Content Group UK Ltd.
Pitfield, Milton Keynes, MK11 3LW, UK
UKHW020437220726
13923UKWH00005B/2193

9 782019 279875